Llamada a Escribir Elegida a Publicar

inspiración para escritores Cristianos

Mateo 22:14
"Porque muchos son llamados, pero pocos son escogidos."

Publicado por
Our Written Lives, LLC

Our Written Lives ofrece servicios editoriales a autores en varias
organizaciones de servicio educativo, religioso y humano.
Para mas información, visite www.OurWrittenLives.com

Derechos de Autor ©2018 Rachael Kathleen Hartman

Datos de publicación del catálogo de la Librería del Congreso
(Library of Congress)
Hartman, Rachael 1983
Llamada a Escribir, Elegida a Publicar

Biblioteca del Congreso Número de Control: 2018906648
ISBN: Número Internacional Normalizado de Libros 978-1-942923-33-6
(libro de bolsillo)

Llamada a Escribir, Elegida a Publicar fue traducido al Español por
Denise Rovzar.

La autora no habla Español, pero con gusto,
hablaría para audiencias de habla hispana a través de un interprete.

Llamada a Escribir
Elegida a Publicar

inspiración para escritores Cristianos

Rachael Kathleen Hartman

Dedicatoria

Para Jesús . . .
El Señor de mi Vida,
Aquel que me llamó por Su Gracia.
Moraré en la Casa del Señor para siempre.

Para mi familia . . .
Los quiero con todo mi corazón.
Gracias por el apoyo que siempre me han brindado.
Aquí estaré siempre para ustedes.

A todos los autores y escritores con los que he tenido
y tendré el placer de trabajar . . .
Les doy las gracias por creer en mí
y confiarme con sus libros.
Me siento honrada que Dios nos unió
a producir libros para bendecir al mundo y a Su Reino.

Para toda persona que desea ser autor o se siente llamada
a escribir y para los que simplemente aman escribir . . .
Muchas gracias por leer mi libro.
Le pido a Dios les bendiga e inspire.

Contenido

Introducción 9
Llamada a Escribir 11
De Su Tesoro 13
Mi Llamado a Escribir y Publicar 17
Conocido y Leído 25
Un Legado de Palabras 27
Un Buen Tema 29
Escritura Guiada por El Espíritu 31
Escribiendo Desde Mi Corazón 33
¿Quien Guía? 37
Escribiendo Para Sanar 41
Lo Suficientemente Sano para Publicar 45
Para el Músico Principal 49
Un Buen Escribano 53
El Hombre con el Tintero 57
La Pluma Veraz 63
Escribanos y Fariseos 65
Escribiendo con Gracia 71
Y, He Aquí, Era Muy Bueno 75
La Fabricación de Muchos Libros 77
El Autor y Consumador de Nuestra Fe 81
Escrituras para Escritores 83
Recursos de las Escrituras 93
Sobre la Autora 100

Introducción

Este pequeño libro de pensamientos inspirados surge de las muchas veces que he orado pidiendo sabiduría a través de mi camino como escritora. Le agradezco a Dios por Su Espíritu y Palabra, que le hablan a mi corazón y me guían a lo largo del camino.

Las ideas que aquí les comparto, varias son cortas y otras más largas. Algunas incluyen mi viaje personal al escribir y publicar, y otras se enfocan en las lecciones que he aprendido en el transcurso del camino. Espero que lo que he redactado pueda ayudarte a como escribir y publicar.

He pedido por cada lector, que el Señor le hable a tu corazón a través de esta lectura. Rezo para que tomes lo que te beneficie y dejes lo que no. Que encuentres la fortaleza para comprometerte a escribir y perseveres a través del proceso editorial.

Tu puedes hacer una diferencia en el Reino de Dios mediante el ministerio de la escritura y publicación. Pido que el Señor te guíe, abriendo y cerrando puertas y te bendiga personalmente al escribir para Él.

Rachael Hartman

Llamada a Escribir

Mateo 23:34
"... he aquí, yo envío a vosotros profetas, y sabios, y escribas..."

¿Qué te ha llamado Dios a escribir? ¿Qué tesoro ha desarrollado El dentro de ti? ¿Qué has enfrentado y superado en tu vida? ¿Qué has aprendido que pueda ayudar a otros?

Tus respuestas a estas preguntas moldearan la visión y enfoque que le des a tu escritura.

Algo acerca de tu libro cautivará la atención de tus lectores. De la misma manera, tu personalidad puede dar la pauta para entablar una conversación que eventualmente te permita compartir el Evangelio con alguien nuevo. Puedes o no guiar a que una persona conozca a Jesús, pero continuarás sembrando semillas a través de la amistad y Dios hará el resto.

Como escritor y autor Cristiano tus libros se convierten en otra manera de sembrar semillas de fe. Así como tu vida, es ejemplo de luz para otros, tu escritura refleja la luz de Dios a través de inspiración, conocimiento y creatividad.

Un llamado a escribir nace, por lo general, de una situación desesperada en la cual necesitabas esperanza. Las lecciones que aprendiste en el camino son tu inspiración y te dan la energía creativa que necesitas para poder compartir el amor de Dios de una manera nueva.

Las palabras que escribes pueden ser la clave para abrir el entendimiento de una persona sobre su propia situación. Tus palabras pueden guiar al lector un paso más adelante en la dirección correcta, o les das su próximo soplo de aire fresco. Tu libro puede ser la médula ósea compatible para curar la enfermedad emocional del lector y traer bienestar en la próxima etapa de su vida. La sabiduría divina que compartes puede proporcionar el agua espiritual que necesitan para vivir otro día. Tus palabras sabias pueden proporcionar asistencia inestimable para cubrir el déficit ocasionado en una circunstancia desatendida e incumplida.

Así que escribe.

Escribe, aun cuando millones de personas tienen acceso a las palabras, pero sólo cientos las leen.

Escribe, aunque el escribir desnude tu alma, y te quedes solo y expuesto.

Escribe, porque tu vida está destinada a traer la esperanza de Cristo a aquellos que lo conocen y lo leen.

Por eso, Dios provee Nuestras Vidas Escritas de esperanza.

De Su Tesoro

Mateo 13:52
"Y él les dijo: Por eso todo escriba docto en el reino de los cielos, es semejante á un padre de familia, que saca de su tesoro cosas nuevas y cosas viejas."

Mateo 12:35
"El hombre bueno del buen tesoro del corazón saca buenas cosas: y el hombre malo del mal tesoro saca malas cosas."

Mateo 6:20-23
"Mas haceos tesoros en el cielo, donde ni polilla ni orín corrompe, y donde ladrones no minan ni hurtan: Porque donde estuviere vuestro tesoro, allí estará vuestro corazón."

Mateo 13:44
"Además, el reino de los cielos es semejante al tesoro escondido en el campo; el cual hallado, el hombre lo encubre, y de gozo de ello va, y vende todo lo que tiene, y compra aquel campo. También el reino de los cielos es semejante al hombre tratante, que busca buenas perlas; Que hallando una preciosa perla, fue y vendió todo lo que tenía, y la compró."

Con el tiempo, una relación con Dios entierra profundo un tesoro de sabiduría en el alma. La meditación en la palabra de Dios da sabiduría, que como un grano de arena se va refinando una y otra vez, hasta que produce una perla. Entre más larga sea la relación con Dios, precepto sobre precepto, línea sobre línea, más se multiplica el tesoro.

Y los escribas instruidos en el Reino de los Cielos sacan de sus tesoros "cosas nuevas y viejas."

Escribas son eruditos, lectores, líderes y educadores. Eran santos hombres de Dios que hablaban y escribían inspirados por el Espíritu Santo (2 Pedro 1:21).

De tinteros, pergaminos, tablillas de arcilla y piedra, a la imprenta, máquinas de escribir, computadoras y teclados inalámbricos, las herramientas del escritor sin duda han cambiado. Ya no estamos escribiendo la Biblia, sino que a través de nuestra escritura estamos viviendo nuestra propia fe en el Verbo hecho carne (Juan 1:4).

A medida que comparo mi vida con las vidas de los escritores antiguos, tanto es diferente. La educación, tecnología y cultura proporcionan oportunidades como nunca antes.

Los antiguos escribas copiaban cuidadosamente los textos Bíblicos. Cada detalle tenía que ser perfecto, o el pergamino era inservible. Se pasaban años copiando un pergamino. Su enfoque estaba en la calidad.

Yo guardo mis documentos en la "nube" (iCloud), utilizo mi voz para mandar textos y escribo en mi tiempo libre. Tengo varias copias de borradores, utilizo el corrector ortográfico y escribo 70+ palabras por minuto.

Ellos eran hombres que caminaban por fe sin predecesores.

Yo soy una mujer inspirada en la palabra de Dios, que ellos escribieron. Conforme leo, Dios planta una semilla de pensamiento en mi mente y espíritu, una palabra de sabiduría comienza a crecer y finalmente doy a luz un libro que comienza a tomar vida propia.

Los tiempos han cambiado, pero mucho sigue siendo igual. No importa que tan diferente sea yo de ellos, como escribas nuestra pasión sigue siendo la misma. Se trata de El. Elohim. Jehová. Yeshúa. Jesús.

Como escritores Cristianos hoy en día, escarbamos en nuestro tesoro (nuestra relación personal con Dios) y escribimos acerca de principios antiguos dentro de los contextos actuales. Creamos un escenario nuevo para la vieja historia. Entendemos circunstancias nuevas dentro del marco de la verdad eterna.

Mi Llamado a Escribir y Publicar

Isaías 52:7
"¡Cuán hermosos son sobre los montes los pies del que trae alegres nuevas, del que publica la paz, del que trae nuevas del bien, del que publica salud, del que dice á Sión: Tu Dios reina!"

ITenía diez años cuando consideré por primera vez escribir un libro. Fue un pensamiento fugaz el cual saqué de mi cabeza con: "Eso es muy difícil!" No volví a pensar en escribir un libro hasta los 19, aunque a lo largo de mi infancia escribía en mi diario.

Uno de mis profesores del Colegio Bíblico me dijo que era una excelente escritora y que debería pensar en escribir más seguido. Poco después de eso empecé a rezar acerca de mi escritura y le pedí a Dios me diera una computadora si El quería que yo escribiera un libro.

Más tarde ese año, un amigo me dio una computadora de escritorio usada. "Guau" pensé, "Creo que tengo que empezar a trabajar en ese libro!" No sabía cómo empezar, así que me concentré en mi trabajo escolar y una vez mas hice a un lado el pensamiento de escribir un libro.

Después de dos años y medio en el tronco de teología, me transferí a una universidad secular y empece una nueva carrera, esta vez con un enfoque en la escritura. Empecé a escribir para el periódico dirigido por estudiantes de la universidad, The Inkwell (El Tintero). Después, fui pasante en una revista local muy respetada.

A pesar del progreso en mi educación como escritora, personalmente estaba pasando por demasiadas cosas como para escribir un libro. Tenía mucho dolor que tenia que sanar. Entre 2005 y 2008, experimenté las luchas más profundas de mi vida como joven adulta. Mis emociones estaban prácticamente en ruinas. Me sentía como si estuviera viviendo en un desierto espiritual. Estaba en batalla constante por sobrevivir—mentalmente, emocionalmente, físicamente y en mis relaciones. Mi vida se estaba desmoronando y aplastándome. Lo que era estable en mi vida comenzó a voltearse de cabeza, y tuve que aceptar ciertas verdades difíciles de mí misma y pedir ayuda.

A pesar de todas mis luchas personales, terminé mi licenciatura y regrese a Texas para iniciar mi posgrado. En mi búsqueda de claridad, busqué el rostro de Dios en la iglesia Parkway Life en Lumberton, Texas. Ahí es donde recibí aceptación incondicional, comenzando mi camino de sanación.

En el 2009, ya teniendo un año en el posgrado, trabajé tiempo completo como escritora para un periódico en el Este de Texas. Yo era la reportera principal del Hardin County News (Noticiero Semanal del Condado de Hardin) ese año.

Durante mi trabajo en el periódico, me la pasé muy bien yendo a eventos locales, hablando con funcionarios, entrevistando a miembros de la comunidad y siempre estando al tanto. Me mantuve ocupada y mi confianza en la redacción y la edición incrementó. Mi experiencia allí se convirtió en el entrenamiento que eventualmente utilicé para empezar mi negocio propio.

A veces Dios nos tiene que deshacer para volver a construirnos según Su Plan. Durante el viaje Él nos habla de una manera que podamos comprender. Afortunadamente, Dios supo cómo hablarme y escuché los mensajes silenciosos que Él le habló a mi corazón y a mi mente.

Una de las palabras más significativas que oí del Señor me dio la esperanza que necesitaba para seguir adelante. También preparó el camino para poder recibir la llamada a publicar. Esto es lo que ocurrió.

Una noche, después de asistir a la iglesia, iba manejando rumbo a casa por un camino oscuro. Un búho grande estaba volaba bajo, en medio del camino para capturar a su presa, cuando chocó contra el parabrisas de mi coche, del lado del conductor. Le pegué al pájaro, que era del tamaño de un gato casero gordo, e inmediatamente se me hundió el corazón. Le di la vuelta al coche para regresar y me estacioné para checar al búho. Los faros brillantes del coche se reflejaban en sus ojos, se tambaleó un poco y me miró, aparentemente confundido.

Fue entonces cuando escuché la voz tenue de Dios que me hablaba. "Te han pegado muy fuerte, pero vas a volar otra vez." En ese preciso momento, el búho se fue volando. Era una señal de Dios que yo iba a estar bien.

Pocas semanas después de mi encuentro con Dios y el búho, estaba en Austin en una conferencia de la iglesia. Conocí a dos señoras que me decían palabras alentadoras de mi vida y estas se sumaban a mi historia del búho.

La primera señora me dijo: "No sé nada de tu vida, pero siento que has vivido en la oscuridad durante mucho tiempo. Quiero que sepas que la luz del sol de Dios está a punto de empezar a brillar en tu vida." La segunda señora no escuchó lo que me dijo la primera. Después de uno de los servicios se acercó a mi y me dijo, "Brillo. Brillo. Todo lo que veo es brillo."

Estos mensajes no me hicieron sentido hasta que estaba manejando de regreso a casa a través de Piney Woods después de la conferencia. Recibí otra "confirmación del búho" de que Dios me estaba guiando a tiempos mejores. En pleno resplandor del día estaba un búho posado en un letrero en el camino, con sus ojos completamente abiertos mirando directo hacia mi.

Cerca de un mes más tarde, el Espíritu Santo le habló a mi corazón. La impresión fue clara, "Te he dado todo lo que necesitas para escribir y publicar libros." Yo sabía que Dios me estaba llamando a escribir y publicar historias de personas que habían vivido en la oscuridad y lo habían superado para vivir en la luz. Estas historias traerían la esperanza de Cristo a las personas en situaciones difíciles.

Lo que siguió después fue el nombre de mi negocio — Our Written Lives of Hope, abreviado OWL of Hope. El nombre fue inspirado en parte por la historia de la Isla de Esperanza en Savannah, Georgia. Históricamente, la Isla de Esperanza fue conocida como el lugar donde todas las razas de personas convivieron en paz en medio de tiempos peligrosos que envolvieron al viejo Sur como esclavitud, guerra y otros males. Es una historia que me inspiró y me gustó como "Isle of Hope" y "OWL of Hope" sonaban similares. Así fue como surgió el nombre de mi negocio.

Mi "experiencia con el búho" y mi llamado a Escribir y Publicar pasaron al mismo tiempo que trabajaba en el periódico local y en medio de mi posgrado. Fue un año ocupado. ¿Cuando encontraría el tiempo para escribir un libro? Yo sabía que estaba usando demasiada energía creativa en mi trabajo del periódico. Tenia que cambiar de carrera si iba a escribir para Jesús.

El Señor me abrió la puerta con un nuevo trabajo en un campo que no requería de mi escritura y me mude a la zona de Fort Hood en el área Central de Texas.

Mientras estaba viviendo en Harker Heights, Texas fue donde comencé a buscar la primera historia que Dios me concedió el honor de escribir. Sería dos años después, antes de que El trajera la historia que El escogió como mi primer libro.

Después de dos despidos y un traslado a Fort Polk, Louisiana en busca de otro trabajo, fue entonces que el tiempo de Dios empezó a contar. En julio del 2012, empecé a escribir mi primer libro: Angel, La Verdadera Historia de una Oportunidad No Merecida. Es la historia de una mujer que conocí en la iglesia en Alexandria, Louisiana. Angel tenía un asombroso testimonio de liberación, y tuve el deseo de escribir un libro para el Señor.

Dios nos guió a iniciar el proyecto a pesar de que apenas nos habíamos conocido. Once meses después, en junio del 2013, teníamos el libro en la mano y ya había yo establecido oficialmente Our Written Lives, LLC.

Terminé el libro Llamada a Escribir, Elegida a Publicar en el 2015. Es el 20avo libro de "OWL" y el segundo libro escrito por mi. El negocio está creciendo todo el tiempo. Estoy trabajando con varios autores nuevos, ampliando mi alcance y escribiendo mi tercer libro.

Estoy emocionada de ver lo que depara el futuro, y estoy emocionada por aprender y compartir las historias de Dios de nuestra generación—"Our Written Lives of Hope."

Conocido y Leído

2 Corintios 3:2-3
"Nuestras letras sois vosotros, escritas en nuestros corazones, sabidas y leídas de todos los hombres; Siendo manifiesto que sois letra de Cristo administrada de nosotros, escrita no con tinta, mas con el Espíritu del Dios vivo; no en tablas de piedra, sino en tablas de carne del corazón."

El tiempo le ha dado un giro completo a nuestro enfoque en la comunicación. En tiempos de la Biblia, se alentaba a los creyentes a ser epístolas vivientes, permitiendo que los que conocían a los creyentes, conocieran y leyeran las epístolas.

Ahora, 2000 años más tarde, te estoy animando a escribir sobre la obra de Dios en tu vida, para crear una epístola (una carta escrita) que influya tu mundo.

Puede ser que tu vecino no sea la persona que lea lo que escribes sobre tu vida—tu lector puede ser alguien alrededor del mundo que te sigue en línea. No importa para quien brilles, mientras que seas "conocido y leído" para la gloria de Dios.

Un Legado de Palabras

Isaías 30:8
"Ve pues ahora, y escribe esta visión en una tabla delante de ellos, y asiéntala en un libro, para que quede hasta el postrero día, para siempre por todos los siglos . . ."

Las palabras que escribimos nos sobrevivirán si las captamos correctamente. Cuando tomamos el tiempo para crear un documento de valor, organizado y bien hecho, podemos preservar y compartir fácilmente nuestras vidas a través de la escritura. Podemos pasar un legado escrito a nuestros hijos y ellos a sus hijos. Podemos compartir y celebrar la alegría, las lecciones aprendidas y la historia de nuestras vidas.

Nos conectamos con nuestros lectores conforme escribimos nuestras historias, y ellos con nosotros conforme las leen. Ya no estamos solos, ni ellos ni nosotros, mientras compartimos nuestras vidas a través de la escritura, a pesar de que no estemos allí físicamente cuando las leen.

Quiero dejar un legado escrito que traiga gloria a Dios y la esperanza de Cristo a las personas en nuestro mundo caído. ¿Cuál será el mensaje de tu legado?

Un Buen Tema

Salmo 45:1
"Rebosa mi corazón palabra buena: Refiero yo al Rey mis obras: Mi lengua es de escribiente muy ligero."

Proverbios 18:21
"La muerte y la vida están en poder de la lengua..."

Mi corazón se desborda con buenas noticias... Mi lengua es como la pluma de un escriba articulado.

¿Estás listo para escribir las palabras que fluyen de tu corazón?

Así como las palabras que hablamos tienen el poder de vida y muerte, también lo hacen las plumas que sostenemos en nuestras manos y los teclados con los que escribimos nuestros mensajes. Podemos bendecir a otros con vida espiritual a través de la palabra escrita.

La gente escribe a diario. Algunos están escribiendo un libro. Otros trabajan en la industria editorial en otra capacidad. Las personas que no se consideran como escritores están escribiendo correos electrónicos, blogs, tweets y actualizan su estado en linea todos los días.

¿Que estas tu escribiendo? ¿Son buenas noticias? ¿Sirve algún propósito para mejorar al mundo? ¿Esta haciendo que el Reino de Dios crezca?

Esforcémonos por ser escritores preparados—escribas articulados—darles vida a las vidas de los lectores a través de las palabras que escribimos.

Job 33:3
"Mis razones declararan la rectitud de mi corazón,
Y mis labios proferirán pura sabiduría."

Escritura Guida por El Espíritu

1 Reyes 19:11-12
". . . Y, he aquí, el SEÑOR que pasaba, y un grande y poderoso viento que rompía los montes, y quebraba las peñas delante del SEÑOR; mas el SEÑOR no estaba en el viento: y tras el viento un terremoto; mas el SEÑOR no estaba en el terremoto: y tras el terremoto un fuego; mas el SEÑOR no estaba en el fuego, Y tras el fuego un silvo apacible y delicado."

He conocido a un par de personas que han comparado las historias que Dios les da para escribir al dictado, o, si estaban hablando, a la lectura de un teleapuntador. Parecen estar en sintonía con el Señor. Parece como si las palabras que escriben o hablan se vierten directamente desde el cielo a través de ellos.

Han habido un par de veces cuando he "tomado dictado", pero mi experiencia más común ha sido cuando el Espíritu Santo ha guiado mi escritura a través de estudiar y meditar en la palabra de Dios.

Dios no siempre es tan obvio como yo quisiera que fuera. Tengo que estar tranquila para escuchar su voz tenue hablar. Dios es directo, sin embargo, a través de Su Palabra. Me parece interesante que todavía tengo que estar callada y enfocada, para escuchar Su Palabra en mi corazón cuando leo y estudio la Biblia, como lo hago cuando escucho Su Espíritu hablarle a mi corazón en mis tiempos de oración.

¿Qué se necesita para escuchar la voz tenue y pequeña de Dios? Reflexión en silencio. ¿Qué se necesita para leer y escuchar lo que Dios dice en Su Palabra? Reflexión en silencio.

Tenemos que enfocarnos y estar en silencio para leer la Palabra de Dios, escuchar la voz de Dios y escribir como nos conduce el Espíritu. Estoy agradecida de que Dios eligió a escritores para publicar Su Palabra. Estoy agradecida de que estos escritores estuvieron receptivos y lo suficientemente silenciosos para escuchar Su Voz.

¿Que tan callado has estado hoy? ¿Escuchaste Su Voz? ¿Te dio algunas palabras para escribir hoy?

El está hablando. Toma tiempo para escuchar y leer Su Palabra.

Salmo 17:2
"De delante de tu rostro salga mi juicio..."

Escribiendo Desde Mi Corazón

Jeremías 17:9
"Engañoso es el corazón mas que todas las
cosas, y perverso: ¿quién lo conocerá?"

La escritura es mi mejor forma de comunicación. Me encanta escribir porque puedo pensar acerca de lo que quiero y como lo quiero decir, sin tener que decir lo que estoy sintiendo o lo primero que me viene a la mente. La escritura ayuda a frenar el problema que proviene de hablar emocionalmente sin pensar.

Aunque a veces, igual me meto en problemas al escribir así. ¿Alguna vez has escrito una carta larga o un correo electrónico donde te desahogas? Es la carta o correo electrónico que debiste cancelar pero de todas maneras lo mandaste.

Yo soy culpable de esto. Estoy pensando en tres situaciones en particular: una, cuando entregue una carta en persona; otra, la cual se convirtió en una guerra de correos electrónicos; y una tercera, en la que escribí varias páginas pero termine destruyendo la carta sin dársela a la persona. Aprendí que a veces es mejor no compartir todo lo que escribo!

Mis palabras, que luego me arrepentí de haberlas dicho, se dispararon desde mi corazón y traspasaron el corazón de otra persona. Lo que escribí era la verdad; ciertamente fue mi percepción de la situación. El problema fue que provino de mi corazón humano, un corazón que la Biblia dice que es tan engañoso y desesperadamente malo, que nadie puede saberlo (Jeremías 17:9). Escribí de mi corazón, pero desatendí cómo mis palabras tendrían impacto en los corazones de otros.

Mi corazón engaña a veces a mi mente. Siento que lo que percibo es la verdad, pero en realidad son solamente mis emociones proyectadas en la persona o la situación frente a mí. Mi corazón no es siempre la mejor fuente de inspiración para escribir.

Otras veces, escribo desde mi corazón y creo una expresión hermosa de la emoción humana. He escrito poemas y canciones emocionalmente conmovedoras que personalmente lloro y se me pone la piel de gallina cada vez que los leo. He expresado mi amor sincero hacia mi familia y amigos sin remordimientos.

El bien si puede provenir cuando se escribe con el corazón.

Pero existe una diferencia entre la escritura con el corazón y la escritura desde el corazón. No deseo escribir desde mi corazón, cuando mi corazón es la fuente. Deseo escribir conforme el Espíritu de Dios me conduce a escribir, con todo mi corazón y alma vertidos ante El.

¿Quien Guía?

1 Corintios 14:33
"Porque Dios no es un Dios disensión, sino de paz."

El mentor que tuve anteriormente me aconsejó considerar cada acción que tomo y ver si es El Señor que me guía o no. Ella me dijo Dios guía suavemente como el Buen Pastor que El es. Camina adelante, las llama, y las ovejas oyen Su voz y lo siguen. Por el contrario, dijo, el diablo guía como un vaquero rudo, espantando al ganado por detrás, conduciéndolo con rapidez y dureza, con cuerdas y ruido, polvo y confusión.

En el momento que sentimos una fuerte intensidad a tomar acción, a menudo acompañada por una sensación de perdición inminente, probablemente no es el Señor. Cuando el Señor nos guía, su paz siempre está presente. Dios no invoca ansiedad en nuestras vidas.

Habiendo dicho eso, ¿qué espíritu te guía cuando escribes? ¿Es tu espíritu humano, algún otro espíritu o el Espíritu Santo?

Existen grandes personas que están escribiendo pensamientos buenos y útiles desde su espíritu humano. Libros y literatura en humanitarismo, psicología, temas de familia y relación, sentido común y vida cotidiana todos caen en el ámbito de la escritura desde el espíritu humano.

Muchos consejeros y líderes empresariales ofrecen una gran visión humana a la vida del éxito y supervivencia dentro de este mundo áspero. Me gusta leer lo que escriben. Necesito su sabiduría terrenal. Es buen material. Marca una diferencia en el mundo.

Junto con la sabiduría práctica, el espíritu humano también puede guiarnos a escribir desde un lugar donde nos sobreponemos al abatimiento, daño y dolor. Pienso en los recuentos que he leído de sobrevivientes del Holocausto. Sus historias de supervivencia son increíbles, aunque no estén basadas en la fe. Las personas pasan por situaciones terribles, y tenemos que estar conscientes de lo que sucede en el mundo a nuestro alrededor, no importa lo difícil que sea leerlo. Tenemos que saber que es posible sobrevivir, perdonar y avanzar, inclusive a través de un infierno terrenal.

Necesitamos saber la honesta verdad acerca de la vida. Con un espíritu humano victorioso, podemos escribir sobre la superación del abatimiento y tener un impacto positivo en el mundo. Este es el bien que proviene de escribir cuando el espíritu humano nos guía.

¿Pero qué sucede cuando algún "otro espíritu" nos guía cuando escribimos? La palabra "espíritu" puede parecer indefinida, escalofriante o espeluznante. Tuve un profesor de escritura que animaba a la clase a "sentarse a desayunar" con personajes de ficción, para escuchar a los personajes y permitirles que nos cuenten sus historias. Sonaba demasiado como una sesión de Espiritismo para mi gusto. No me interesa escuchar voces que me cuenten historias, del mas allá, aunque creo que puede suceder.

Tuve una amiga que me contó de una visión que tenía de un niño asesinado que se le aparecía y le contaba parte de su historia. Quería escribir la historia para nuestra clase de escritura de ficción. Creo que hay "espíritus" de toda clase en el mundo buscando un oído que les preste atención. Depende de nosotros a qué y a quién elegimos escuchar.

Otra forma que podemos permitir que "otro espíritu" tenga influencia en nuestra escritura, es escribiendo desde un ámbito o camino espiritual que no este alineado con la palabra de Dios. Por ejemplo, si estamos operando desde un lugar de amargura, rencor, odio, prejuicio, orgullo, egoísmo, lujuria o codicia, ira, rebelión, inquietud o venganza, entonces estamos bajo la influencia de un espíritu impío. Cualquier espíritu destructivo, o forma de vida, que choque con el Espíritu Santo caerá bajo esta clasificación.

Si una persona escribe con espíritu destructivo, su escritura puede dejar al lector sintiéndose desmotivado, deprimido, ansioso o espiritualmente peor que antes de empezar la lectura. Cuando un escritor se deja guiar por espíritus destructivos, los lectores sentirán las emociones asociadas con el espíritu líder.

"¡Pero solo es lectura! Es entretenimiento," dirán algunos. Aún así, al permitir que espíritus destructivos siembren pensamientos en nuestras mentes, estamos permitiendo la opresión o posesión de la vida del escritor o lector. Primero, empieza siendo engañosamente inocente, dejando que el escritor o lector viva indirectamente en lo impío de una fantasía creativa hasta que se sienta cómodo con ella. Mas tarde, los espíritus destructivos pueden transicionar a influenciar las acciones y decisiones de una persona.

Sin embargo, existe otro Espíritu que puede guiar nuestra escritura. La escritura guiada por el Espíritu Santo proviene de un lugar de paz, sanación y plenitud y se alinea con la Palabra de Dios. La escritura guiada por el Espíritu Santo, tiene un propósito mas elevado en el Reino, una meta eterna, la cual trae a Jesús al mundo y permite que el fruto del Espíritu Santo florezca dentro de nosotros.

Jesús toma nuestro espíritu humano y todos aquellos espíritus con los que tenemos contacto y los guía más allá del bien de la humanidad, a un lugar de poder y liberación, sabiduría y palabra apropiadamente dicha en el momento indicado. El Espíritu Santo—Jesús, Dios manifestado en la carne, es como El obra en nuestras vidas —guiándonos a escribir obras con principios que pueden crear una diferencia en la experiencia terrenal de una persona y su destino eterno.

Por lo tanto, para concluir, éstas son algunas de las preguntas que debes hacerte antes de considerar publicar la obra que estás escribiendo.

¿Que quieres aportar al mundo a través de tu escritura? ¿Cuál es el objetivo? ¿Cuál es la lección?

¿Cómo afectarán tus palabras y como influirán la vida de los demás? ¿Hacia que dirección se dirigen tus palabras?

¿Estás escribiendo desde un punto de lógica y sentido común, o de un punto de confusión y buscando respuestas?

¿Tu escritura va a ser inspiración para otros o los va a desmoralizar?

Antes de que pienses en publicar, da un gran paso atrás y pregúntate: ¿qué espíritu está guiando tu escritura? ¿Es tu espíritu humano, algún otro espíritu o el Espíritu Santo?

Escribiendo Para Sanar

Proverbios 16:24
"Panal de miel son los dichos suaves.
Suavidad al alma y medicina a los huesos."

Proverbios 12:18
"Hay quienes hablan como dando estocadas de espada:
Mas la lengua de los sabios es medicina."

Para mi la escritura siempre ha sido terapéutica. He guardado mis diarios desde que era niña. Están arrumbados en una maleta que puede ser transportada con facilidad en caso de fuego o huracán. El escribir en mi diario me ayuda a ordenar mis emociones, analizar situaciones y tomar decisiones que cambiarán mi vida. A través de mi escritura he pasado de un lugar de desesperación y angustia a un lugar de paz y satisfacción.

A menudo conozco gente que me dice tener el deseo de escribir su propia historia. Ellos quieren encontrar un propósito más profundo al dolor que han experimentado. Al escuchar a estos posibles autores hablar, es fácil darse cuenta en que punto de su proceso de sanación están. Algunos, están listos para escribir y publicar, y otros no.

Algunos autores potenciales trabajaron hace mucho tiempo a través de su dolor, sanaron y ahora pueden hablar tranquilamente sobre sus historias y por todo lo que pasaron. Otros están ansiosos por escribir su historia, sin saber cómo empezar, llenos de lágrimas y todavía con mucho dolor tratando de sanar.

Existen personas que todavía están en dolor, y hablan conmigo sobre la posibilidad de escribir su historia por primera vez y han hecho un esfuerzo por esbozar o delinear lo que les sucedió en papel. En estos casos, creo que la escritura es una forma muy terapéutica de curación y debe comenzarse como una exploración personal de su historia, con menos énfasis en la publicación.

La escritura es un proceso de sanación para el autor. Incluso, si no has "sanado" completamente de tu herida, escribe. Te ayudará a ordenar el caos.

Escribe tu historia honestamente.

Espera.

Reza.

Piensa acerca de tu historia.

Regresa a ella, léela y vuélvela a escribir. Pregúntate a ti mismo, ¿estoy escribiendo desde un lugar de dolor o de un lugar de sanación y plenitud? Escribir para sanar es diferente a escribir desde un lugar de sanación.

Considera donde estás. Sin poner ninguna presión sobre ti mismo para publicar; sólo tienes que escribir. Revela tu alma: lo bueno y lo malo. No te detengas nada mas escribe.

Estoy segura que has escuchado la frase: "Personas heridas hieren a la gente." Recientemente oí esa frase seguida de esta otra frase, "Las personas sanas curan a la gente."

Escribe para sanar y luego, cuando estés sanado, escribe y publica para ayudar a los demás a sanar. Si estás herido, y aún no has sanado, tus palabras pueden estar llenas de dolor, resentimiento y destrucción. Cuando escribes desde un lugar sano, tus palabras son reflexivas y compasivas.

El dolor es sagrado. La experiencia es valiosa. La escritura tiene significado. ¿Pero, todos necesitamos compartir nuestras historias con el mundo? No necesariamente. E incluso, cuando compartimos nuestras historias con el mundo, no compartimos todos los detalles o todas las historias. A medida que escribimos aprendemos a respetarnos a nosotros mismos, nuestro dolor, nuestras vulnerabilidad y lo que nos provoca. Nosotros mismos nos ponemos límites para mantenernos sanos.

Una vez que conocemos nuestras propias limitaciones, nos podemos respetar a nosotros mismos y nuestro dolor a través de la escritura sin causar estrés adicional. Una vez sanos podemos compartir nuestras historias con el mundo.

Lo Suficientemente Sano Para Publicar

Lucas 4:1819
"El Espíritu del Señor es sobre mí, Por cuanto me ha ungido para dar buenas nuevas a los pobres: Me ha enviado para sanar a los quebrantados de corazón; Para pregonar a los cautivos libertad, Y a los ciegos vista; Para poner en libertad a los quebrantados: Para predicar el año agradable del Señor."

Escribir es fiable. Publicar es un riesgo. ¿Estás listo para asumir el riesgo y compartir tu historia con el mundo? La publicación de un libro es un gran paso que no debe de tomarse a la ligera. Tienes que asegurarte de que estas listo y lo suficientemente sano para compartir tu historia.

He hablado con muchas personas que desean bendecir el mundo compartiendo las lecciones de vida que han aprendido. Quieren animar a otros que puedan estar en el mismo lugar donde ellos estuvieron, alumbrando una luz que les muestra la salida de lugares difíciles y oscuros.

Los libros pueden ayudar a guiar el camino para otros.

En alguno de los momentos mas oscuros de mi vida, mi único consuelo era escapando de mi realidad al abrir un libro. En particular, leyendo la Palabra de Dios me ayuda a reemplazar los pensamientos negativos por positivos y me da una perspectiva completamente nueva de la vida. Otros libros, inspirados por autores Cristianos, también me han ayudado. Estos libros proporcionan sabiduría que se puede poner en práctica para navegar las tormentas de la vida.

Todos tenemos historias y lecciones de vida increíbles que podemos compartir, pero debemos estar lo suficientemente sanos para publicar. Si no estamos lo suficientemente sanos, podemos exponernos a más dolor y posponer mas nuestra sanación. Las expectativas poco realistas sobre la publicación de un libro, pueden conducir a la decepción y a revivir viejas heridas, especialmente si tu libro es acerca de una experiencia dolorosa que tuviste que soportar. Esto aplica especialmente, si estas esperando que al publicarse tu historia recibirás reconocimiento, afirmación y una cierta aceptación que no recibiste en tu vida.

A diferencia de compartir tu historia en un blog libremente accesible, la impresión y edición digital con la esperanza de tener ventas consiste en comercializar y vender tu historia. Es de esperarse que los autores publicados sean la cara de sus libros de una manera muy pública. Si tu no estás listo para contar de una manera verbal tu historia en grupo, no estás listo para publicar tu libro y ponerlo a la venta.

Recuerdo un poco de sabiduría de un libro de trabajo de los 12 pasos. Primero, debemos escribir nuestra historia y compartirla con alguien con el cual nos sentimos seguros. Hablamos con esta persona acerca de qué tanto de nuestra historia queremos compartir con el grupo de recuperación.

Rezamos al respecto. Si sentimos alguna ansiedad asociada con compartir ciertas partes de nuestra historia, entonces no es el momento correcto para compartir públicamente. Compartimos cuando nos sentimos seguros. El sentirte seguro es la consideración número uno para saber si estás suficientemente sanado para publicar.

¡Estás LISTO para escribir!

¡Puede ser que no estés listo para publicar, pero SI estás listo para escribir! No dejes que el estrés de pensar en la publicación o la mercadotecnia te hunda. Simplemente escribe. Escribe para sanar. Escribe ahora. Tu sabrás cuando sea el momento de publicar.

Cuando estás lo suficientemente sano para publicar, no verás tu libro como una extensión tuya, o como tu "bebé." Cuando estás lo suficientemente sano para publicar, estarás receptivo a los comentarios editoriales y dispuesto a hacer de tu libro el mejor producto posible.

Cuando estás lo suficientemente sano para publicar, estarás listo para ser la cara y voz pública de tu historia. Cuando estás lo suficientemente sano para publicar, tus límites estarán bastante bien definidos y podrás compartir tu historia sin miedo.

Job 19:23-24
"¡Quien diese ahora que mis palabras fuesen escritas!
¡Quien diese que se escribieran en un libro! ¡Que con cincel de hierro
y con plomo fuesen en piedra esculpidas para siempre!"

Para el Maestro de Música

Efesios 5:19-22
"Hablando entre vosotros con salmos, y con himnos, y canciones espirituales, cantando y alabando al Señor..."

Los Salmos son mis escrituras favoritas cuando busco consuelo. Los Salmos reflejan cada emoción que experimento en la vida y mi caminar con el Señor. Hay un Salmo para cada alabanza, cada duda, cada victoria y cada interrogante en la experiencia humana. Los Salmos no resaltan el dolor o rechazo, miedo o incredulidad. Son la expresión del corazón, limpiando cualquier estado en el que se encuentre y lo llevan a la adoración pura del Unico Dios Verdadero.

Para muchos de nosotros, la escritura es una forma de adoración. Dios nos libró de tantas cosas, nos cambió y nos dio alegría. El es nuestra alabanza. El cambia nuestro lamento en danza, y nuestro dolor en alegría (Salmo 30:11 & Juan 16:20).

Dios puede transformar nuestro dolor en gozo y consuelo para nosotros y para el mundo. Eso es lo que El hizo cuando dio Su vida por nosotros. El nos trajo consuelo para nuestras almas a través de su dolor. El transformó Su dolor en nuestra alegría.

Todo en nuestras vidas tiene un solo propósito: adorar a Dios. Vierte lo que está en tu corazón, no importa lo que sea. Vacía tu corazón y permite que Dios lo llene con su amor. Trabaja a través de tus emociones y permitir que el Espíritu reine libremente.

Cuando el Maestro de Música comienza a hacer melodía a través de nosotros—el instrumento—producimos belleza que Le trae gloria. No es el piano el que recibe el honor, sino el experto Maestro pianista. Lo mismo ocurre con el escritor, poeta y músico Cristiano. Nuestra mente y nuestro trabajo trae gloria Al que servimos. Nosotros somos el instrumento. El es el Músico.

Fui bendecida con un padre terrenal que es escritor, compositor, poeta y músico. Mi papá es mi autor preferido con el cual trabajar (y el más desafiante). Fue un honor para mi publicar su primer libro, un libro de poesía titulado Patrones de Luz (Patterns of Light), lanzado en el 2014.

Cuando reviso todos los libros de la colección de Our Written Lives, su libro es el que atesoro más. Cuando lo sostengo en mis manos y lo leo, me siento cerca de mi padre y nuestro Padre Celestial. Estoy agradecida por la herencia en vida de fe que mi padre entrega en mis manos.

La siguiente canción fue escrita por mi padre, pastor y mentor, Capellán del ejército de Estados Unidos J.S.

Hartman (LTC - Teniente Coronel) retirado. Su vida me inspira a escribir para nuestro Señor y Salvador, Jesucristo. A menudo toca su dulcimer y canta esta canción para los pacientes del hospicio en el cual predica. Escucho su voz en mi corazón ahora y lo atesoro.

Siento Tu Dolor
por J.S. Hartman

Las nubes negras oscurecen el cielo; el viento sopla fuerte y frío.
Con un peso en el corazón, tu cabeza agachada; cae la lluvia.
Yo veo a través de tu noche más oscura: el sol brilla, estarás bien.
¡Estoy contigo en el sol o en la lluvia, criatura, siento tu dolor!

Se lo que hay detrás de esas lágrimas que caen de tus ojos como lluvia.
La aflicción, el dolor, los miedos, la culpa y la vergüenza.
Crees que estás solo y que no le importas a nadie en absoluto.
¡Pero Mi amor nunca ha cambiado, criatura, sigo siendo el mismo!

¿Recuerdas el día que morí, el día que me crucificaron?
Mis manos y Mis pies, Mi costado, ahí colgado en vergüenza.
Y gotas de sangre cayeron alrededor, empapando el suelo árido,
¡Como fresca lluvia recién caída, llegaron cuando sentí tu dolor!

Ahora estoy aquí para verte salir, hoy solo confía en Mi Gracia.
Cambiaré esos cielos oscuros a azules, esas lágrimas a la alabanza.
Mi Sangre y Mi Espíritu, te consolarán y te cubrirán.
¡Te amo, hijo Mío, lo hago, y nunca cambiaré!

Caminaré cada milla contigo, criatura, llama Mi Nombre.
Nunca cambiaré. Sigo siendo el mismo. Soportaré tu dolor.

Un Buen Escribano

2 Timoteo 2:15
"Procura con diligencia presentarte a Dios aprobado,
como obrero que no tiene de qué avergonzarse,
que traza bien la palabra de la verdad."

Por siglos, mucho antes de la imprenta, escribas manualmente copiaban textos Bíblicos antiguos. El proceso de escribir a mano una Torá certificada tomaba más de un año. Exactamente 304,805 palabras comprenden de Génesis a Deuteronomio.

Te puedes estar preguntando por qué tomó tanto tiempo para copiar la Torá. Los antiguos escribas judíos estaban sujetos a los mas altos estándares cuando duplicaban los manuscritos. Escribas tenían que memorizar 4,000 diferentes leyes y principios, que iban a seguir mientras copiaban las escrituras con el fin de preservar la autenticidad y exactitud. El duplicado debe ser exacto, sin errores, sin gotas de tinta, sin equivocaciones.

En su libro Dios Respiró, la Innegable Fuerza y Fiabilidad de las Escrituras ("God Breathed, the Undeniable Power and Reliability of Scripture"), Josh McDowell describe el proceso que seguía un escriba para producir un pergamino. Un escribano sabía "que copiar mal lo que Dios dice puede significar leerlo mal, pronunciarlo mal, o peor aun, malinterpretar y malentender lo que Dios quiere que su gente sepa acerca de él y sus caminos" (McDowell, 129).

Los escribas escribían de derecha a izquierda y escribían debajo de la línea, a diferencia de cómo escribimos ahora, por encima de la línea. El meticuloso proceso aseguraba la lectura y pronunciación correcta. Tenían que copiar cada letra a la perfección.

Para certificar una Torá, los rabinos contaban cada letra y cada palabra después de que un escribano terminaba de copiar el pergamino entero que medía 72 pies.

Mateo 5:18 NVI
"Por que de cierto os digo, que hasta que perezca el cielo
y la tierra, ni una jota ni un tilde perecerá de la ley,
hasta que todas las cosas sean hechas."

La letra mas pequeña en hebreo se llama "jota." Una "tilde" es una pequeña línea en la parte superior de algunas letras como decoración. A veces, cinco tildes eran agregadas a la parte superior de una carta; las cinco tildes o líneas pequeñas se les llamaba colectivamente una corona.

Dios se preocupa por los detalles. Él se preocupa por la excelencia y la verdad. Cada jota y tilde importa. La palabra de Dios esta establecida por siempre en el Cielo (Salmo 119:89).

Antes de que un escribano escribiera una palabra, la decía en voz alta. Cada vez que se encontraba con la palabra Dios — Elohim— o un nombre de Dios, el escriba paraba de escribir, dejaba su pluma, se lavaba las manos y santificaba la tinta. En otra tradición, el escriba no escribía la palabra Dios si acababa de sumergir su pluma en la tinta. Se saltaban la palabra Dios y regresaban para asegurarse de que no se manchara el nombre de Dios. Una palabra que significaba Dios, o un nombre de Dios, no podía para nada ser borrada o manchada.

El sobrecogimiento, la reverencia y amor que los antiguos escribas tenían por la Palabra es lo que la conservo para nosotros hoy. Aunque no somos escribas copiando a mano la Palabra, como escritores Cristianos también debemos de tener el mismo respeto, reverencia y amor por las Escrituras que ellos tenían. A través del estudio, debemos asegurarnos que las palabras que escribimos representen la Palabra con exactitud (2 Timoteo 2:15).

Debemos esforzarnos por la excelencia y escuchar a los que vienen a verificar nuestras palabras—como los editores y pastores, maestros y aquellos que leen por contenido.

Es mi plegaria que todos nosotros estemos abiertos a escuchar y obedecer al Señor. Que seamos expertos en nuestro oficio y distinguidos para crear un trabajo consagrado. Que seamos "escritores preparados" con la suficiente disciplina para escribir cuando queremos y aun cuando no. Y que todos tengamos corazones puros (Salmo 45:1).

La información que presento en esta sección proviene del libro de Josh McDowell, "Dios sopló, el Poder Innegable y la Fiabilidad de las Escrituras" ("God Breathed, the Undeniable Power and Reliability of Scripture"). Tuve el placer de conocer en persona al Sr. McDowell, el cual habló sobre antiguos escribas y presentó algunos de los pergaminos de su colección.

El Hombre con el Tintero

Ezequiel 9

"Y clamo en mis oídos con gran voz, diciendo: Los visitadores de la cuidad han llegado, y cada uno trae en su mano su instrumento para destruir. Y he aquí que seis varones venían del camino de la puerta de arriba que esta vuelta al aquilón, y cada uno traía en su mano su instrumento para destruir. Y entre ellos había un varón vestido de lienzos, el cual traía a su cintura una escribanía de escribano; y entrados, paráronse junto al altar de bronce. Y la gloria del Dios de Israel se alzo de sobre el querubín sobre el cual había estado, al umbral de la casa: y llamo Jehová al varón vestido de lienzos, que tenia a su cintura la escribana de escribano. Y dijo Jehová: Pasa por medio de la cuidad, por medio de Jerusalem, y pon una señal en la frente a los hombres que gimen y claman a causa de todas las abominaciones que se hacen en medio de ella. Y a los otros dijo a mis oídos: Pasad por la cuidad en pos de el, y herid; no perdone vuestro ojo, ni tengáis misericordia. Matad viejos, mozos y vírgenes, niños y mujeres, hasta que no quede ninguno: mas a todo aquel sobre el cual hubiere penal, no llegareis; y habéis de comenzar desde mi santuario. Comenzaron pues desde los varones ancianos que estaban delante del templo. Y díjoles: Contaminad la casa, y henchid los atrios de muertos: salid. Y salieron e hirieron en la cuidad. Y aconteció que, habiéndolos herido, yo quede y postréme sobre mi rostro, y clame, y dije: ¡Ah, Señor Jehová! ¿has de destruir todo el resto de Israel derramando tu furor sobre Jerusalem? Y díjome: La maldad de la casa de Israel y de Judá es grande sobremanera, pues la tierra esta llena de sangres, y la cuidad esta llena de perversidad: porque han dicho: Dejado ha Jehová la tierra, y Jehová no ve. Así pues, yo, mi ojo no perdonara, ni tendré misericordia: el camino de ellos tornare sobre su cabeza. Y he aquí que el varón de vestido de lienzos, que tenia la escribana a su cintura, respondió una palabra diciendo: 'Hecho he conforme a todo lo que me mandaste.'"

Ezequiel 9 pinta una imagen espantosa acerca del juicio y la justicia por el pecado. Y sin embargo, al mismo tiempo, vemos la misericordia de Dios apiadarse de los justos.

La salvación de los justos vino a través de un hombre—un hombre llamado—que llegó con los otros hombres de la ciudad. Todos llevaban armas de destrucción en sus manos.

> "Y Dios llamó al hombre vestido de lino,
> que tenía el tintero del escritor a su lado..."

Dios le dio al hombre con el tintero la instrucción de escribir, marcar a los justos y librarlos de la muerte. Marca sus frentes, el Señor mandó. El hombre obedeció y luego reportó que completó todo lo que Dios le dijo que hiciera.

El tintero es un arma poderosa—destruyó la sentencia en contra de los verdaderos creyentes en Ezequiel 9. ¿Qué es un tintero? Es un contenedor, que en los tiempos bíblicos era de cuerno de animal, utilizado para llevar la tinta. Fue el tintero de los días antiguos.

El hombre en el pasaje fue un escriba—un escritor. No parecía como un hombre de guerra, pero el respondió al llamado de Dios junto con otras personas a cargo de la ciudad. Su arma fue su tintero. ¡En su mano estaba el poder de la pluma!

La palabra escrita tiene el poder—poder para bien o poder para el mal. Poder para salvar o poder para destruir.

El Conocimiento es poder y la mejor manera de comunicar conocimiento es a través de la escritura.

En la Biblioteca Harry S. Truman, hay un archivo de documentos históricos varios. El expediente numero 258 contiene una transcripción de un folleto que fue tirado de los aviones estadounidenses sobre las ciudades japonesas, advirtiéndole a los civiles acerca de las bombas atómicas que destruirían las ciudades el 6 de Agosto de 1945.

> "América pide que preste atención inmediata a lo que decimos en este folleto. Estamos en posesión del explosivo más destructivo que jamás haya ideado el hombre . . . Deben de tomar medidas ahora para cesar la resistencia militar. De lo contrario, resueltamente vamos a emplear esta bomba y nuestras otras armas superiores para acabar inmediata y firmemente con la guerra.
>
> EVACUEN SUS CIUDADES.
> ATENCIÓN A LOS JAPONESES. EVACUEN SUS CIUDADES.
> EVACUEN SUS CIUDADES."

Otro advirtió:

> ". . . Por desgracia, las bombas no tienen ojos. Así, de acuerdo con las políticas humanitarias de Estados Unidos, la Fuerza Aérea Americana, no desea herir a personas inocentes, ahora les da aviso de evacuar las ciudades aquí nombradas y salven su vida. América no está peleando con los civiles japoneses . . . presten atención a esta advertencia y evacuen inmediatamente estas ciudades."

Los presos japoneses crearon los folletos en la imprenta de un periódico. Pilotos estadounidenses tiraron cerca de

5 millones de folletos para advertir a los ciudadanos. Cada papel mostraba imágenes de aviones americanos tirando bombas. La escritura japonesa explicaba lo que iba a suceder.

¿Llegó el folleto del archivo numero 258 a las manos de los japoneses? ¿Si llegaron a sus manos, a dónde correrían? ¿Dónde se esconderían? ¿Cuántos escaparon?

Se estima que 140,000 personas murieron después de un B-29 estadounidense bombardeó Hiroshima. Tres días después, 80,000 más murieron cuando Estados Unidos bombardeó Nagasaki.

El 2 de septiembre de 1945, funcionarios japoneses firmaron documentos formales de rendición.

El Secretario de Estado, James F. Byrnes, atribuye que los folletos ayudaron a la rendición final japonesa y al final de la guerra. En un comunicado desde Washington, Byrnes agradeció al personal de la Fuerza Aérea y al Departamento de Psicología de Guerra por el excelente trabajo de comunicación.

El poder para salvar y el poder para destruir está en manos humanas. Manos humanas escribieron el folleto. Manos humanas pilotearon el avión que lanzó la advertencia, y manos humanas lanzaron las bombas atómicas sobre Hiroshima y Nagasaki.

La guerra es despiadada. El juicio es terrible. ¿Puede haber alguna gracia salvadora? Algunos pueden argumentar que si se salvó una vida, los 5 millones de folletos valieron la pena.

La Biblia es el folleto de Dios a la humanidad. Con un estimado de más de 6 billones de copias impresas y en línea, en varios idiomas, cuántas almas prestaran atención a sus advertencias? Si un alma se salva, 6 billones de copias valieron la pena.

Tu libro puede no salvar una vida o conducir a la salvación eterna, pero quizás ofrecerá esperanza a alguien. Si tu escritura guía a la gente a leer el único Libro que los puede llevar a la salvación, la inversión de tiempo, energía y trabajo vale la pena.

Todos estamos frente a algo que está a punto de destruirnos, desde dentro o desde fuera de nosotros. ¿Tu lector esta enfrentando divorcio, muerte, desempleo, adicciones, relaciones que han terminado, depresión, ansiedad o falta de dirección? ¿Te ha llamado Dios, como el hombre con el tintero, a salvar a otros a través del poder de la escritura?

No te desanimes si no todo el mundo escucha las advertencias. Es nuestro trabajo escribir y su trabajo elegir.

La información presentada en esta sección proviene de: Williams, Josette. (2009). Caminos a la Paz. La guerra de información en el Pacífico, 1945. Accedido el 20 de julio de 2015, en CIA.gov. Y de: Folletos que advierten a los japoneses de la bomba atómica, 1945. Accedido el 20 de julio de 2015 en PBS.org.

La Pluma Veraz

Jeremías 8:7-8 NVI
"...mas mi pueblo no conoce el juicio de Jehová. ¿Cómo decís:
'Nosotros somos sabios, y la ley de Jehová es con nosotros'?
Ciertamente, he aquí que en vano se cortó a pluma,
por demás fueron los escribas."

Integridad verbal. Es un término que rara vez oigo, pero que resalta en mi mente. Si una persona tiene integridad verbal, las palabras que habla son verdaderas. Hay totalidad, plena integración, entre lo que dicen, cómo viven y lo que saben que es verdad. No hay fracturas. El orador es indiviso.

Como escritores Cristianos, debemos escribir con integridad. Si somos llamados a escribir, somos llamados a escribir no sólo la verdad, sino a vivirla. Dios no solo nos llamó a glorificarle a través de nuestra escritura, sino también a través de nuestras vidas y la manera en que vivimos.

No importa lo que diga otra persona, debemos alinearnos con la palabra de Dios, con la Verdad pura, debemos levantar nuestra cruz y seguirlo.

Hoy en día, hay muchas "plumas mentirosas" de los que se dicen sabios y sofisticados. Debemos separarnos de entre ellos, ser independientes, santos, santificados, llenos del Espíritu Santo y conductos del Espíritu de Dios.

Empezamos de rodillas. Encontramos nuestra inspiración en la Palabra. Entramos en un equilibrio productivo y creativo a través de la oración y la adoración. Le pedimos a nuestro Señor que nos dirija en lo que debemos escribir, cómo vivir y cómo ser un líder. Nuestra escritura se somete a la verdad. Él es el Autor y Consumador de nuestra fe.

Una vida que esta fuertemente centrada en la oración conduce a un escritor Cristiano a tener una vida de escritura de gran alcance. La profundidad que proviene al orar fielmente produce escritura ungida. Las disciplinas espirituales te entrenan a comprometerte con la escritura.

El poder purificador del arrepentimiento y la presencia del Espíritu Santo nos libra de la influencia del pecado y abre nuestros oídos para escuchar a Dios, nuestros ojos para Verlo y nuestros corazones para Conocerlo. Jesús es el Camino que andamos, la Verdad que conocemos y la Luz bajo la cual escribimos.

Levítico 11:44
"Pues que yo soy Jehova vuestro Dios, vosotros por tanto, os santificareis y seréis santos, porque yo soy santo. . . "

2 Corintios 6:16-17
"¿Y qué concierto el templo de Dios con los ídolos? porque vosotros sois el templo del Dios viviente, como Dios dijo: Habitare y andaré en ellos; y seré el Dios de ellos, y ellos serán mi pueblo. Por lo cual Salid de en medio de ellos, y apartaos, dice el Señor, Y no toquéis lo inmundo; Y yo os recibiré."

Escribas y Fariseos

Lucas 20:46-47
"Guardaos de los escribas, que quieren andar con ropas largas, y aman las salutaciones en las plazas, y las primeras sillas en las sinagogas, y los primeros asientos en las cenas: Que devoran las casas de las viudas, poniendo por pretexto la larga oración..."

Cuando no tenemos idea de cómo empezar a escribir, vamos con la primera persona que conocemos que en nuestras mentes ha tenido éxito como escritor. Si alguna vez has tenido el deseo de escribir, probablemente te has contactado con alguien que le tienes confianza, alguien a quien tu consideras un escritor dotado. Yo empecé mi viaje como escritora profesional con la esperanza de encontrar un mentor. Quería a alguien que me dirigiera y guiará a través del proceso.

Los profesores y las clases de escritura fueron lo más útil cuando se trató de aprender el arte de escribir. La escuela, así como trabajar en la industria de la comunicación, me entrenaron a como producir un trabajo completo. Trabajo bien cuando tengo una fecha límite.

También participé localmente en un grupo de escritura, el cual tuvo un impacto muy positivo en mí. Esta fue una gran manera de recibir consejos prácticos y infundir ánimo entre nosotros para alcanzar objetivos sobre la escritura.

La publicación fue una historia diferente. La gente que yo conocía, los cuales habían publicado un libro no parecían valorar la importancia de su experiencia, o por lo menos no estaban dispuestos a compartirla. Los autores con los que traté de hablar me ignoraron. No debí haber estado hablando con la gente correcta...

En lugar de aprender de autores con experiencia, empecé a investigar varias opciones de publicación. Vendedores comenzaron a bombardearme con anuncios, llamadas telefónicas y paquetes de publicación costosos. En su mayoría mis interacciones fueron inútiles.

Mis experiencias fueron similares cuando se trataba del ministerio. Reconocí mi llamado al Ministerio Cristiano y dediqué mi vida al Señor desde una temprana edad, pero cuando me acercaba a la gente que yo respetaba, los cuales estaban activamente involucrados en el "ministerio", me hacían a un lado mas veces que me ayudaban. Me di por vencida buscando un mentor en el Ministerio y perdí admiración por algunas personas en el liderazgo de la iglesia debido a la forma en que me trataron. No pude vivir con las expectativas de estos Fariseos modernos. A pesar de que yo estaba haciendo todo "bien", aparentemente no fue suficiente para que invirtieran en mí, o así parecía.

Empece a batallar con autoestima baja. El enemigo de mi alma me tentó con mentiras después de que los líderes espirituales causaron daño, miembros superiores de la academia devaluaron mi trabajo como escritora Cristiana y editores tradicionales no me hablaban. Lo que no realicé fue que todo el tiempo, tenía dentro de mi lo que se necesitaba para ser un ministro, escritor y editor. No necesitaba de la gente que pensaba que necesitaba. Necesitaba a Jesús, tiempo y experiencia.

Cuando era pequeña, tuve una visión de como sería yo como adulta. Ella ya estaba dentro de mí; nada mas tenia que crecer dentro de ella. Sigo creciendo, pero estoy más allá de donde empecé.

Ahora busco ayudar a nuevos autores y escritores Cristianos. Quiero extenderles la hermandad, tutoría y aceptación que yo necesité cuando empecé mi viaje.

Ustedes, escritores Cristianos, son la razón por la que estoy escribiendo Llamada a Escribir, Elegida a Publicar. Este libro es mi regalo para ustedes. No les puedo transferir mi experiencia y conocimientos por arte de magia, pero puedo ofrecerles tutorías y compañerismo a través de la escritura y entrenamiento.

Así, les digo, "Guardaos de los escribas y los Fariseos." Sí, siguen estando cerca. En la Biblia, eran los líderes, los maestros de la ley, los perfectos. Hoy en día, los espiritualmente "perfectos" entre nosotros son los Fariseos.

Estudian la ley y hacen todo lo posible por vivir fuera de ella. No pasan tiempo con personas que no vivan a la altura de sus estándares.

Los escribas de hoy en día ponen todos los puntos sobre las "i's" y cruzan todas las "t's." Su gramática es perfecta, y se apresuran a señalar cuando la tuya no lo es. Subestiman a las personas que no están a la altura de sus ideales sobre la perfección. Lo saben todo y a menudo tienen las credenciales para probarlo. No dan cabida a que existan errores.

En la antigüedad, una mentalidad perfeccionista era necesaria para que los escribas preservaran la exactitud de las escrituras. La excelencia y el perfeccionismo son rasgos de carácter personal valiosos e importantes en muchas carreras como trabajadores de la salud, cirujanos, asesores, editores, figuras de autoridad y muchos más. Para dar lo mejor de nosotros necesitamos exactitud, atención al detalle y compromiso.

Jesús advirtió que el espíritu de los escribas y fariseos—el perfeccionismo—es destructivo como forma de vida y de tratar a los demás. Como un escritor nuevo, es importante escribir y no enfocarse en las imperfecciones. Adquiere confianza y trabaja en tu arte. Encuentra tu voz y no dejes que un escriba o fariseo te derribe antes de que tengas oportunidad de florecer.

Ten cuidado de los escribas y fariseos. Ellos ven falta en todo y debe ser a su manera. Son perfeccionistas que exigen, empujan y controlan. Son exageradamente críticos, y al estar a su alrededor puede causarte inseguridad y perder motivación para perseguir tu sueño de escribir y publicar.

Jesús no frecuentaba a los escribas y fariseos como si fueran sus mejores amigos. Él escogió gente normal, con diferentes personalidades e imperfecciones. Él pasaba su tiempo con personas reales. No me queda la menor duda que hubiera frecuentado a los escribas y fariseos, si se lo hubieran permitido, pero no estaban dispuestos a ser instrumentos del Evangelio, o admitir la imperfección.

Te garantizo que te toparás con escribas y fariseos en tu viaje de escritura y publicación. Como un escritor nuevo, cuídate de ellos y evádelos. Después de un tiempo navegando las aguas de la multitud de escritores, aprenderás a evadir aquellos que no son buenos para ti y escucharás a los que sí lo son.

Pero luego llega un nuevo peligro. Es una tentación bastante real para los escritores y editores con mucha experiencia el caer en el patrón de "perfecto" y volverse un escriba o fariseo. Cuida tu corazón, especialmente mientras aprendes, creces y triunfas.

Recuerda quién eres en Cristo.

No todos pueden trabajar con nosotros. Todos somos llamados a trabajar con personas y equipos diferentes. Si alguien parece no hacer conexión, existe una razón. Sigue adelante. Buscar al Señor en tu viaje. Y no permitas que nadie te infecte con negatividad o te desvíe del camino en el cual Dios te puso.

Si has sido llamado a escribir y elegido para publicar, busca a Dios, y Él hará que se cumpla.

Escribiendo con Gracia

2 Corintios 12:9
"Y me ha dicho: Bástate mi gracia; porque mi potencia en
la flaqueza se perfecciona. Por tanto, de buena gana me gloriare mas
bien en mis flaquezas, porque habite en mi la potencia de Cristo."

Gracia. El diccionario da varias definiciones de la palabra gracia.

Gracia: simple elegancia o refinamiento de movimiento.
Gracia: el favor libre e inmerecido de Dios.
Gracia: honrar o dar crédito a alguien con su presencia.
Gracia: un período de tiempo oficialmente permitido para el pago de una deuda, o para el cumplimiento de una ley o condición, especialmente un periodo que se extiende como un favor especial.
Gracia: breve oración de gracias antes de comer.
Gracia: utilizado como una forma de describir o dirigirse a un duque, duquesa o arzobispo.

"Strong's Concordance" y el "Léxico Griego" ofrecen definiciones similares para la manera en que la palabra gracia se utiliza en el Nuevo Testamento.

Gracia: tener compasión; tener piedad; mostrar u obtener misericordia.

Gracia: buena funcionalidad, gentileza.

Gracia: a ser agradecidos, a agradecer, dar gracias en una comida.

Gracia: tener gracia, la influencia divina sobre el corazón y su reflexión en la vida.

Gracia: dotar con honor especial, para ser aceptado, ser altamente favorecido.

Cuando se trata de escribir con gracia, casi todas estas definiciones se pueden aplicar. Nuestra escritura debe fluir de una idea a otra, sin interrupciones, como un experto bailarín fluye armoniosamente con la música o el mensaje de nuestro trabajo.

Cuando escribimos con gracia—el favor inmerecido de Dios—escribimos con la bendición del Señor sobre nuestro trabajo. Caminamos en Su poder y autoridad, imperfectos en nuestra debilidad, pero fuertes en Su favor y gracia.

Cuando escribimos con gracia, honramos a otros al compartir nuestros pensamientos y visiones con ellos. Honramos lo que tenemos que ofrecer mediante la presentación de nuestro trabajo profesional y de una manera que glorifica a Dios.

Escribimos con gracia cuando nos damos el tiempo para hacer las cosas bien. Nosotros mismos nos damos el espacio para cometer errores. Escribimos el primer borrador, y regresamos a él una y otra vez, lo refinamos, clarificamos, haciendo que nuestra escritura sea lo más excelente que se pueda.

Escribimos con gracia cuando escribimos con un espíritu de agradecimiento. Preparamos nuestros libros como prepararnos una comida, cuidadosamente con la consideración de cómo va alimentar y nutrir a nuestros lectores.

Pero escribir y acabar una obra no es tan simple como seguir una receta. Puede ser frustrante. Nuestras palabras nos pueden eludir, y podemos terminar contemplando una pantalla en blanco. Puede tomar meses o años completar nuestro trabajo. Escribe en ese período de gracia.

Escribir tomará horas y horas de ardua y desgarradora concentración. Nos encontraremos dentro de la debilidad mientras escribimos.

El proceso de escribir es turbio, como la vida. Pero la gracia de Dios es suficiente. Veamos, por lo tanto, gloria en nuestras debilidades que el poder de Cristo descansa en nosotros cuando escribimos con gracia.

Y, He Aquí, Era Muy Bueno

Génesis 1:31
*"Y vio Dios todo lo que había hecho,
y he aquí era muy bueno en gran manera.
Y fue la tarde y la mañana el día sexto."*

Les digo a los autores con los que trabajo que tomen en cuenta lo que los profesores dicen que es cierto: "Escribir es reescribir." Los autores deben estar preparados para escribir y luego reescribir sus libros por lo menos tres veces. Van a leer o escuchar su libro leído en voz alta seis veces antes de que todo termine, a veces solos, otras veces con un amigo. Es un proceso tedioso, pero es la mejor manera para una excelente ejecución.

Excelente ejecución—no la perfección.

Incluso los libros mas vendidos ("best sellers") contienen errores ortográficos. "Escribas y Fariseos" se enorgullecen al encontrar errores cuando leen obras de autores populares. Pero la verdad es, que todos somos humanos y en todo lo que los seres humanos hagan, lo mas que podemos esperar es calidad, no perfección.

Cuando Dios creó el mundo, le tomó seis días. Luego dio un paso atrás y dijo: "Era muy bueno."

Él no dijo que estaba perfecto. Él no dijo que no había problemas. Él no dijo que no necesitaba trabajo, ayuda o un Salvador. Dijo que estaba "muy bien."

Todos nos quedamos cortos de la perfección, pero también somos una creación "muy buena." La imagen de la palabra Bíblica para describir el pecado es "fallar el blanco," como si disparáramos una flecha a un objeto y no le atináramos. Todos fallaremos el blanco y quedaremos cortos de la gloria de Dios. Nuestras imperfecciones muestran Su perfección.

Conocer a Dios me ha hecho un ser "muy bueno" y no "perfecto" y me ayuda a trabajar con mis errores y seguir adelante. En las palabras de Pablo, aunque fallemos el blanco y nos quedemos cortos, seguimos "moviéndonos hacia el blanco para ganar el premio del llamado supremo de Dios en Cristo Jesús" (Filipenses 3:12-14).

No importa que tan duro trabajamos para crear un libro, o que tanto de nuestros corazones y vidas vertamos en nuestra escritura, no será perfecto.

Pero puede ser muy bueno.

Y eso es lo que tratamos de alcanzar.

Habacuc 2:2
"Y Jehová me respondió y dijo:
Escribe la visión y declarala en las tablas . . . "

La Fabricación de Muchos Libros

Eclesiastés 12:12
"Ahora, hijo mío, a mas de esto, se avisado. No hay fin de hacer muchos libros; y el mucho estudio aflicción es de la carne."

Todos tenemos una historia dentro de nosotros y la mayoría de nosotros tenemos por lo menos un libro, si no más, que podría surgir de nuestra vida. Se estima que más 320 millones de personas viven actualmente en los Estados Unidos. A pesar de que todos tenemos un libro dentro de nosotros, no todos estamos dispuestos o capaces de escribir o de compartir nuestras historias.

Pero algunos de nosotros estamos dispuestos. Más de 1 millón de libros fueron publicados en el 2013. Entre ellos, más de 18,000 fueron libros religiosos. Estas estadísticas provienen de Bowker, la agencia oficial del ISBN de los Estados Unidos y sólo incluyen libros registrados con la Agencia. Esto significa que hay más libros publicados cada año de lo que sabemos.

Hay muchos libros disponibles y muchos de ellos tienen un gran contenido. ¿Qué es diferente acerca de tu historia? ¿Qué la distingue de las demás? ¿Qué hará a tu libro diferente?

Las estadísticas nos enseñan que el libro promedio vende menos de 250 ejemplares por año y menos de 3,000 ejemplares durante su vida. Publicar un libro probablemente no te va a hacer millonario, así es que si estás escribiendo por el dinero, vuelve a pensar tu compromiso.

¡Si no es por el dinero, entonces sigue persiguiendo tus metas editoriales! La mayoría de las ventas de libros ocurren cuando el autor tiene un Ministerio de que hablar, o un negocio, lo cual lo pone adelante de mucha gente. Tienen una comunidad ya existente o seguidores a los cuales les venden. Es posible que vendas muchos libros si eres emprendedor y pones una mesa para vender tus libros, si viajas y hablas en publico, si amas hablar con la gente, y no tienes miedo de promover tu libro.

La mayoría de los autores con los que trabajo tienen el deseo de publicar un libro para complementar su Ministerio o negocio. Un libro puede ser una herramienta para hacer conexiones duraderas con personas como seguidores o clientes.

Generalmente, no se me olvidan las historias que he leído, sobre todo cuando se tratan de historias de misioneros que he conocido, las cuales son mis favoritas para leer. Me siento mas inclinada a apoyar a un misionero con el cual siento una conexión emocional, a uno que no conozco. Los libros son transformadores y pueden influir en el sentido de vida de una persona.

Si Dios te dio una carga para escribir y una historia que contar, ¡lánzate! Si no eres un gran escritor, encuentra un escritor fantasma, o haz tu mejor trabajo y contrata a un editor.

Si te quedas en el camino, tu libro tendrá un impacto en las vidas a favor de Cristo. Pueden ser 250 vidas, o pueden ser 2,500 ó 250,000. Los números no importan cuando se trata de Jesús.

Todo lo que importa es que obedezcas a su llamado. Obedece y confía en el Señor. Él hará el resto. Él tiene un propósito y un plan para tu escritura, aunque sea una trayectoria de sanación y un proceso de desarrollo para ti personalmente.

Igual que con todos los otros ministerios, el éxito no esta en cuantas personas alcances. No es acerca de cuantas personas vienen a escucharte hablar, o cuantos asisten a tu iglesia, o cuanto ganas para Dios, o cuantos compran tu libro. Se trata de Jesús.

¿Tu libro glorificará a Dios? ¿Conducirá a la gente a la verdad? ¿Les dará un apetito por la justicia?

¿Te importará cuántas personas leen tu libro? ¿Qué harás para decirle a la gente acerca de tu trabajo?

¡Responde estas preguntas con integridad, y luego ve y escribe!

Juan 21:25
"Y hay también otras muchas cosas que hizo Jesús,
que si se escribiesen cada una por si, ni aun en el mundo pienso cabrían
los libros que se habrían de escribir."

Él es el Autor y Consumador de Nuestra Fe

Hebreos 12:1,2
"Puestos los ojos en el autor y consumador de la fe, en Jesús . . ."

Jesús—nuestras vidas y trabajo son todo acerca de él.

Como Cristianos llamados a escribir, creo que el primer pensamiento que siempre tenemos sobre la escritura viene de nuestro Señor. Para producir un trabajo guiado por el Espíritu ungido, Jesús debe de estar en el centro de principio a fin.

Él da las ideas para el libro. Él inspira las palabras. Él es el motivo. Él determina el resultado. Él le habla a los corazones de los lectores.

Hebreos 12:2 llama a Jesús el "Autor y Consumador" de nuestra fe. Para mí, eso significa que Él escribe el libro de nuestra fe, lo edita, diseña, lo acomoda, lo publica y hace con él lo que Él considera oportuno.

Él no necesita ninguna ayuda. Él es la fuente. Nuestra historia de fe está envuelto en Su historia. Nuestra fe es todo acerca de Su vida, que tan amorosamente nos da.

Antes de sentarnos a escribir debemos primero arrodillarnos a rezar. Debemos permitir que el Autor entre en nuestros corazones y mentes, nos susurre Su sabiduría y rindamos nuestros caminos al Suyo.

Una parte de nosotros morirá en el proceso de escribir, tal y como nos morimos a nuestra carne para vivir en Su Espíritu. Al morirnos dentro de nosotros mismos, Dios nos levanta a una nueva vida, una vida abundante, que nunca pensamos posible.

Conforme nos negamos a nosotros mismos, tomemos nuestra cruz y sigamos adelante con nuestra escritura, nuestras vidas derraman nueva vida. Los libros que escribimos son creaciones completamente nuevas— apuntando a Jesús.

Efesios 3:20-21
"Y a Aquel que es poderoso para hacer todas las cosas mucho mas abundantemente de lo que pedimos o entendemos, por la potencia que obra en nosotros, A el sea la gloria en la iglesia por Cristo Jesus, por todas edades del siglo de los siglos. Amén."

Escrituras para Escritores

Frank Ball publicó las siguientes escrituras en la página web del North Texas Christian Writers, ntchristianwriters.com. Ball adaptó cada escritura a la situación de un escritor. Usado con permiso.

Job 19:23-24
Oh, que mis palabras fueran escritas con pluma de hierro en una tabla de granito para que mi historia pueda ser leída por siempre.

Job 33:3
Escribo honestamente desde mi corazón, procurando que se de a conocer la verdad.

Salmo 19:14
Permite que mis conceptos y escrituras sean aceptables en tus ojos, Oh Señor, mi fortaleza y mi redentor.

Salmo 27:14
Mientras esperas al Señor, escribe. Se fuerte y con ánimo, continua escribiendo para el Señor.

Salmo 45:1
Mi corazón se desborda con un tema cautivador, porque mi voz es la pluma de un escritor experto.

Salmo 119:105
La palabra de Dios es una lámpara que ilumina mi camino de la escritura.

Salmo 127:1
Si Dios es nuestro asistente cuando escribimos, las historias que construimos no pueden ser en vano.

Salmo 143:5
Cuando reflexiono sobre qué escribir, recuerdo mis situaciones difíciles del pasado y por qué ahora te rindo alabanza. Entonces revelo tu gloria, mostrando cómo has trabajado en mi vida.

Proverbios 12:6
Las palabras de impostores derraman sangre inocente, pero la escritura divina salva vidas.

Proverbios 15:23
Los escritores se regocijan cuando tocan a su público con las palabras adecuadas en el momento adecuado.

Proverbios 16:24
Escribir con humor es una maravillosa medicina, las palabras agradables son como un panal de abejas, dulce para el alma y sanación para los huesos.

Proverbios 16:3
Dedica tu escritura al Señor, y tu mensaje tocará los corazones de la gente.

Proverbios 16:9
A los escritores les gustaría trazar su viaje entero al éxito, pero Dios quiere que ellos tomen el siguiente paso correcto.

Proverbios 22:29
Los escritores que desarrollan excelentes habilidades en su trabajo serán admirados por sus compañeros y ganarán el respeto de los que no conocen.

Proverbios 30:18
Sin guía, los escritores caerán, así es que benditos sean los que cuidadosamente siguen los lineamientos de la edición.

Eclesiastés 11:6
Siembra tus semillas en la mañana y sigue escribiendo hasta el anochecer, por que entonces tu puedes recoger una gran cosecha.

Isaías 30:8

Escribe tu mensaje en un artículo o en un libro para que así sea un testigo eterno.

Isaiah 40:31

Los escritores que confían en el Señor encuentran fuerza en Él. Serán como águilas con las alas extendidas, elevándose en el viento. Serán como el corredor que tiene resistencia para acabar la carrera o al excursionista que no desmayarán cuando el escalar se ponga peligroso.

Isaiah 55:11

Cuando el mensaje del Señor fluye a través de mi pluma, no puede ser nulo de significado sino que siempre producirá resultados, cumpliendo con su propósito. No puede fallar.

Jeremías 15:16

Al devorar tu Palabra, mi alegría y regocijo vienen de difundir tu mensaje, Oh Dios de los escritores del cielo.

Jeremías 23:28

Más allá de las fantasías y deseos, dejen que los escritores publiquen historias que permitan a los lectores experimentar la verdad.

Ezequiel 37:20
Publica las obras que hayas escrito, para que la gente las pueda leer.

Jeremías 29:11
El Señor dice, "sé lo maravilloso que tengo en mente para tu escritura — planes para que tengas éxito, no para que fracases, así que anticipa el futuro con impaciente expectativa."

Joel 1:3
Escribe para tus hijos para que puedan decirle a sus hijos, para que tus historias vivan de generación en generación.

Nahum 1:7
El Señor es bueno, es un refugio maravilloso cuando sufrimos bloqueos como escritores. El reconoce aquellos que lo buscan para recibir orientación.

Habacuc 2:2
Utiliza palabras con claridad para que la gente pueda fácilmente leer mi mensaje y corran a decirle a los demás.

Mateo 22:14

Como luces de la ciudad sobre una colina que no se pueden ocultar, deja que tu escritura brille para que las personas puedan leer tus palabras y glorifiquen a Dios en el cielo.

Mateo 13:52

Escritores en el Reino de los Cielos traen a la luz historias valiosas conocidas pero a la vez renovadas.

Mateo 19:29

Los que han sacrificado posesiones, relaciones, y placeres para poder escribir historias sobre como Cristo trabajó en sus vidas, recibirán un beneficio mucho mayor, así como vida eterna.

Juan 3:16

Porque de tal manera amó Dios al mundo que dio a su único hijo, para que los escritores que creen en El y compartan sus historias, no morirán sino que guiarán a otros a la vida eterna.

Juan 7:38

Como un río poderoso, las palabras fluirán de la boca de los que crean en Cristo.

Romanos 8:18

Puedes estar seguro que tu dolor actual no es nada comparado con el valor de un manuscrito terminado cuando se publica.

Romanos 8:28
Los rechazos, las llamadas no devueltas, y ofertas del libro ignoradas, todo esto servirá para el bien de los escritores que aman a Dios y buscan comunicar un mensaje que le complace.

Romanos 8:31
¿Qué puedes decir de tus esfuerzos para escribir? Si Dios está de tu lado, no puedes fallar.

Romanos 12:1-2
No permitas que el mundo a tu alrededor dicte cómo escribes, sino deja que Dios cambie tu manera de pensar. Entonces tus historias serán lo que él desea - buenas, agradables y completas.

1 Corintios 1:27
Dios ha elegido nuestras escasas habilidades para escribir para impactar a lectores más que lo harían los autores exitosos. Él ha elegido nuestras pequeñas palabras insignificantes para cambiar vidas que se pensaban inalterables.

1 Corintios 2:12

Porque recibimos nuestra inspiración de Dios, no del mundo, somos capaces de escribir sobre cómo Él nos ha bendecido.

1 Corintios 13:1
Si escribo con excelencia humana y poder angelical sin importarme realmente mi audiencia, mi mensaje será poco más que un ruidoso metal o címbalo que resuena.

1 Corintios 1:27
Si escribo con la habilidad de un autor famoso, pero lo hago sin amor, mi libro se jacta de grandeza sin ningún mérito verdadero.

2 Corintios 3:18
Mientras nos enfocamos en la presencia del Señor y escribimos para su gloria, todos los que se dan al arte son cambiados a su imagen, teniendo un éxito editorial seguido del otro, mientras el Espíritu Santo continua trabajando en nuestras vidas.

Gálatas 5:16
Por favor, entiende que si escuchas al Espíritu de Dios dentro de ti, escribirás para complacerlo y para beneficio de los demás, no para satisfacer tus deseos egoístas.

Filipenses 4:13

Puedo escribir cualquier tema si Cristo me da la habilidad y la resistencia.

Colosenses 4:6
Se amable con tus historias, dale un sabor a tu mensaje que saciará el hambre de Dios en el corazón de todos.

1 Tesalonicenses 3:1
Pide por la publicación del mensaje de Dios, para que sea honrado entre otros como lo ha sido en ti.

1 Tesalonicenses 5:8
En cada aceptación y rechazo, da gracias por tus esfuerzos de escribir, por que esta es la voluntad de Dios para ti en Cristo Jesús.

1 Timoteo 4:12
No dejes que la gente te desprecie por ser principiante, sino que se un ejemplo fiel buscando excelencia en tu escritura.

Santiago 2:14
¿De que sirve, compañeros creyentes, si ustedes piensan que deben escribir pero fallan al hacer el trabajo? ¿Puede ser tu libro escrito con solo tu creencia?

1 Pedro 3:15

Honra tu compromiso con el Señor preparándote a compartir tus experiencias con aquellos que no pueden entender cómo has sobrevivido tus luchas. Siempre debes estar dispuesto a revelar por qué tienes esperanza en este mundo tumultuoso.

1 Pedro 4:12
Mis estimados narradores, no se alarmen excesivamente por las ordalías de fuego que vienen a probar su habilidad de escribir, como si esto fuera una experiencia anormal.

1 Pedro 5:6
Respeten la capacidad de Dios sobre la suya, sean humildes, y Dios hará que su esfuerzo de escribir prospere a su debido tiempo.

Recursos de las Escrituras

Las siguientes escrituras fueron utilizadas a lo largo de este libro.

Génesis 1:31
"Y vio Dios todo lo que había hecho, y he aquí que era bueno en gran manera. Y fue la tarde y la mañana el día sexto."

Levítico 11:44
"Pues que yo soy Jehová vuestro Dios, vosotros por tanto os santificaréis, y seréis santos, porque yo soy santo..."

1 Reyes 19:11-12
"...Y he aquí Jehová que pasaba, y un grande y poderoso viento que rompía los montes, y quebraba las peñas delante de Jehová: mas Jehová no estaba en el viento. Y tras el viento un terremoto: mas Jehová no estaba en el terremoto. Y tras el terremoto un fuego: mas Jehová no estaba en el fuego. Y tras el fuego un silvo apacible y delicado."

Job 19:23-24
"¡Quien diese ahora que mis palabras fuesen escritas! ¡Quien diese que se escribieran en un libro! ¡Que con cincel de hierro y con plomo fuesen en piedra esculpidas para siempre!"

Job 33: 3
"Mis razones declararan la rectitud de mi corazón, Y mis labios proferirán pura sabiduría.."

Salmo 17:2
"De delante de tu rostro salga mi juicio..."

Salmo 45:1
"Rebosa mi corazón [componiendo] palabra buena. . . Mi lengua es pluma de escribiente [preparado] muy ligero."

Proverbios 12:18
"Hay quienes hablan como dando estocadas de espada: Mas la lengua de los sabios es medicina."

Proverbios 16:24
"Panal de miel son los dichos suaves. Suavidad al alma y medicina a los huesos."

Proverbios 18:21
"La muerte y la vida están en poder de la lengua..."

Eclesiastés 12:12
"Ahora, hijo mío, a mas de esto, se avisado. No hay fin de hacer muchos libros; y el mucho estudio aflicción es de la carne."

Isaías 30:8

"Ve pues ahora, y escribe esta visión en una tabla delante de ellos, y asiéntala en un libro, para que quede hasta el postrero día, para siempre por todos los siglos."

Isaías 52:7

"¡Cuán hermosos son sobre los montes los pies del que trae alegres nuevas, del que publica la paz, del que trae nuevas del bien, del que publica salud, del que dice a Sion: '¡Tu Dios reina!'"

Jeremías 8:7-8 NVI

"Mi pueblo no conoce los requisitos del Señor. ¿Cómo decís: 'Nosotros somos sabios, y la ley de Jehová es con nosotros?' Ciertamente, he aquí que en vano se corto la pluma, por demás fueron los escribas?"

Jeremías 17:9

"Engañoso es el corazón mas que todas las cosas, y perverso; ¿quién lo conocerá?"

Habacuc 2:2

"Y Jehová me respondió, y dijo: Escribe la visión, y decláralas en tablas..."

Mateo 5:18 NVI

"Porque de cierto os digo, que hasta que perezca el cielo y la tierra, ni una jota ni un tilde perecerá de la ley, hasta que todas las cosas sean hechas."

Mateo 6:20-23

"Más haceos tesoros en el cielo, donde ni polilla ni orín corrompe, y donde ladrones no minan ni hurtan: Porque donde estuviere vuestro tesoro, allí estará vuestro corazón."

Mateo 12:35

"El hombre bueno del buen tesoro del corazón saca buenas cosas: y el hombre malo del mal tesoro saca malas cosas."

Mateo 13:44

"Además, el reino de los cielos es semejante al tesoro escondido en el campo; el cual hallado, el hombre lo encubre, y gozo de ello va, y vende todo lo que tiene, y compra aquel campo. También el reino de los cielos es semejante al hombre tratante, que busca buenas perlas; Que hallando una preciosa perla, fué y venido todo lo que tenía, y la compró."

Mateo 13:52

"Entonces Él les dijo: Por eso todo escriba que se ha convertido en un discípulo del reino de los cielos es semejante al dueño de casa que saca de su tesoro cosas nuevas y cosas viejas."

Mateo 23:34 & 37

"Por tanto, he aquí, yo envío a vosotros profetas, y sabios, y escribas: y de ellos, a unos mataréis y crucificaréis, y a otros de ellos azotaréis en vuestras sinagogas, y perseguiréis de ciudad en ciudad: ¡Jerusalén, Jerusalén, que matas a los profetas, y apedreas a los que son enviados a ti! ¡cuántas veces quise juntar tus hijos, como la gallina junta sus pollos debajo de las alas, y no quisiste!"

Lucas 4:18-20

"El Espíritu del Señor es sobre mí, Por cuanto me ha ungido para dar buenas nuevas a los pobres: Me ha enviado para sanar a los quebrantados de corazón; Para pregonar a los cautivos libertad, Y a los ciegos vista; Para poner en libertad a los quebrantados: Para predicar el año agradable del Señor. Y rollando el libro, lo dio al ministro, y sentóse: y los ojos de todos en la sinagoga estaban fijos en él."

Lucas 20:46-47

"Guardaos de los escribas, que quieren andar con ropas largas, y aman las salutaciones en las plazas, y las primeras sillas en las sinagogas, y los primeros asientos en las cenas; Que devoran las casas de las viudas, poniendo por pretexto la larga oración ... "

Juan 21:25

"Y hay también muchas otras cosas que hizo Jesús, que si se escribiesen cada una por si, ni aun en el mundo pienso que cabrían los libros que se habrían de escribir."

2 Corintios 3:2-3

"Nuestras letras sois vosotros, escritas en nuestros corazones, sabidas y leídas de todos los hombres; Siendo manifiesto que sois letra de Cristo administrada de nosotros, escrita con tinta, mas con el Espíritu de Dios vivo; no en tablas de piedra, sino en tablas de carne del corazón."

2 Corintios 6:16-17

"¿Y que concierto el templo de Dios con los ídolos? porque vosotros sois el templo de Dios viviente, como Dios dijo: Habitaré y andaré en ellos; y seré el Dios de ellos, y ellos serán mi pueblo. Por lo cual Salid de en medio de ellos, y apartaos, dice el Señor, Y no toquéis lo inmundo; Y yo os recibiré."

2 Corintios 12:9

"Y me ha dicho: Bástate mi gracia; porque mi potencia en la flaqueza se perfecciona. Por tanto, de buena gana me gloriare mas bien en mis flaquezas, porque habite en mi la potencia de Cristo."

Efesios 3:20-21

"Y a Aquel que es poderoso para hacer todas las cosas mucho mas abundantemente de lo que pedimos o entendemos, por la potencia que obra en nosotros, A él sea gloria en la iglesia por Cristo Jesús, por todas las edades del siglo de los siglos. Amén."

Efesios 5:19-22

"Hablando entre vosotros con salmos, y con himnos, y canciones espirituales, cantando y alabando al Señor en vuestros corazones."

2 Timoteo 2:15

"Procura con diligencia presentarte a Dios aprobado, como obrero que no tiene de qué avergonzarse, que traza bien la palabra de verdad."

Hebreos 12:1-2

"Puestos los ojos en el autor y consumador de la fe, en Jesús."

1 Corintios 14:33

"Porque Dios no es Dios de disensión, sino de paz."

Sobre la Autora

Rachael Kathleen Hartman es escritora y editora con un amor a Dios y comprometida a servir a escritores Cristianos. Su misión es inspirar a otros con la esperanza de Jesucristo, y apoderarlos para escribir y publicar para el Reino de Dios.

Es dueña de Our Written Lives, LLC, una compañía de publicación Cristiana que comenzó en el 2013, y The Grammar Queen, una empresa editorial con servicios de consultoría y redacción que comenzó en el 2008.

Ella es la autora de *Angel: The True Story of an Undeserved Chance*, *Called to Write, Chosen to Publish (Llamada a Escribir, Elegida a Publicar)*, y *Facing Myself: An Introspective Look at Cosmetic Surgery*.

Ella es una Entrenadora de Vida Certificada Cristiana, a través de Life Catalyst Institute (Instituto Catalizador de

Vida), y se especializa en entrenar a personas que quieren ser autores. Ella tiene una Maestría de Ciencias en Servicios Humanos con una especialización en Consejería de Capella University (Universidad de Capella), y una Licenciatura en las Artes en Ciencias y Humanidades con un Diplomado en Escritura de Armstrong Atlantic State University (Universidad Armstrong del Estado Atlantico). Ella también estudio dos años y medio en el tronco de teología en Texas Bible College (La Universidad Bíblica de Texas) y Gateway College of Evangelism (La Universidad de Evangelización de Gateway).

La autora no habla Español, pero con gusto, hablaría para audiencias de habla hispana a través de un interprete.

Libros en Inglés de Rachael Kathleen Hartman

www.RachaelKathleenHartman.com

Our Written Lives
Christian Publishing
www.OurWrittenLives.com

www.ingramcontent.com/pod-product-compliance
Lightning Source LLC
Chambersburg PA
CBHW071746080526
44588CB00013B/2163